Die kleine Reihe

Geburtstag

Die kleine Reihe

Herzliche Glückwünsche zum
Geburtstag

MIRA

Wieder ist ein Jahr vergangen,
grad erst hat es angefangen,
tröste dich und bleibe froh,
andern geht es ebenso.
Lasse dich durch nichts verdrießen,
frohe Stunden zu genießen,
dann sagst du in einem Jahr,
dieses Jahr war wunderbar.

Werner Seitz

Geburtstag, sei mir willkommen!
Und fröhlich will ich dir sein,
das hab' ich mir recht vorgenommen,
und trinken Wein und singen Lieder –
aber Geburtstag, komm doch noch wieder.

Matthias Claudius

——————— ◆ ———————

Für einen glücklichen Menschen
ist jeder Tag ein Geburtstag.

Roland Leonhardt

——————— ◆ ———————

So ein Tag, so wunderschön wie heute,
so ein Tag, der dürfte nie vergehn.
So ein Tag, auf den man sich so freute,
und wer weiß, wann wir uns wiedersehn.

Walter Rothenburg

Jeder Mensch ist eine Melodie.

Franz Werfel

Die Sonne blickt mit hellem Schein
so freundlich in die Welt hinein.
Mach's ebenso, sei heiter und froh.

Johann Gottfried Herder

M an soll die Feste nicht feiern,
bevor sie da sind.

Aus Frankreich

———————— ◆ ————————

Wir sind in diese Welt gekommen,
nicht nur, dass wir sie kennen,
sondern dass wir sie bejahen.

Rabindranath Tagore
———————— ◆ ————————

Wird's besser?
Wird's schlimmer?
Fragt man alljährlich.
Seien wir ehrlich:
Leben ist immer
lebensgefährlich.

Erich Kästner

Lachen und Lächeln
sind Tor und Pforte,
durch die viel Gutes
in den Menschen
hineinhuschen kann.

Christian Morgenstern

Man fragt sich:
Wo sind denn deine Träume geblieben?
Und schüttelt den Kopf und murmelt:
Wie schnell die Jahre vergehen!

Fjodor Michailowitsch Dostojewski

——————— ◆ ———————

Wie schade, dass so wenig Raum ist zwischen der Zeit, wo man zu jung ist, und der, wo man zu alt ist!

Charles de Montesquieu

——————— ◆ ———————

Staunen wir doch darüber,
dass das Leben
uns immerfort beschenkt.

Wladimir Lindenberg

Ein großer Mensch ist derjenige,
der sein Kinderherz nicht verliert.

James Legge

Wer sich am wenigsten
um das Morgen Gedanken macht,
geht ihm am fröhlichsten entgegen.

Epikur von Samos

Älter werden schließlich alle.
Doch eines gilt in jedem Falle:
Jeweils alle Lebenszeiten
haben ganz besondre Seiten.
Wer sie sinnvoll nutzt mit Schwung,
der bleibt 100 Jahre jung.

Werner Seitz

Man träumt nicht mehr so schön,
wenn man erwachsen ist.

Knut Hamsun

Blicke in dein Inneres!
Da drinnen ist die Quelle des Guten,
die niemals aufhört zu sprudeln,
solange du nicht aufhörst nachzugraben.

Marc Aurel

Man bleibt jung,
solange man noch lernen,
neue Gewohnheiten annehmen
und Widerspruch ertragen kann.

Marie von Ebner-Eschenbach

Es gibt keinen verlässlicheren
Gradmesser für das Altern
als die Stufen einer Treppe.
Außer man benutzt eine Rolltreppe.

Ephraim Kishon

Bildquellenverzeichnis

Titelbild: Lampions bei Nacht, Stuttgart/Deutschland
Seite 5: Euro Time
Seite 7: Plaza de la Sardana/Montjuic, Barcelona/Spanien
Seite 9: Sonnenblumen, Provence/Frankreich
Seite 11: Kata-Beach, Phuket/Thailand
Seite 13: Johann Strauss Monument, Wien/Österreich
Seite 15: Thera, Santorin/Griechenland
Seite 17: Hafen, Sydney/Australien
Seite 19: Canale Grande, Venedig/Italien
Seite 21: Trickski Weltcup, Oberjoch/Deutschland
Seite 23: Torii Gate am Itsukushima/Japan
Seite 25: New Hampshire/USA
Seite 27: Discothek in Stuttgart/Deutschland
Seite 29: Strand auf den Malediven
Seite 31: Cannstatter Volksfest, Stuttgart/Deutschland
Seite 33: I.S. Giorgio Maggiore, Venedig/Italien
Seite 35: Ballonfestival, Albuquerque/USA
Seite 37: Burg Stalker, Strathclyde/Schottland
Seite 39: Brunnenskulptur, Rom/Italien
Seite 41: Blumenimpression
Seite 43: Chinesische Mauer/China

Quellenverzeichnis

Edition Böck: world wide words
MIRA Zitaten-Archiv

Bildnachweis

Presse-Foto-Baumann: 21
Werner Dieterich: Titelfoto, 9, 27, 31, 39
Waltraud Klammet: 15, 19
Klammet/Beck: 11, 35
Klammet/Nägele: 5, 7, 13, 17, 23, 25, 29, 33, 37, 43
Roland Schweizer: 41

Impressum

© MIRA Verlag GmbH
D 74653 Künzelsau

Alle Rechte vorbehalten
Printed in Germany

ISBN 3-89222-416-1